# Ushuaia

## Patagonia Argentina

Parque Nacional Tierra del Fuego

# welcome

**Idea y realización /**
**Idea and publication**
Jorge Rossi

**Editor / Editor**
Adriana Serra

**Fotografía / Photography**
Eduardo Pocai

**Textos / Texts**
Jorge Rossi

**Diseño gráfico / Graphic design**
Andrea Oszlak y José Santelli

**Coordinación fotográfica /**
**Photography coordination**
Jorge Hendler

**Traducción / Translation**
Adrián Lombardini

ISBN 987-1060-15-7
Este libro ha sido impreso en papel según
normas IRAM ISO 2000 de acuerdo a los
estándares de TCF.

**Polo Rossi Casa Editorial**
Plaza N°2477 - 2° - E (CP1430) Capital Federal
Tel: (054) 11 4543-6477 Argentina.
www.rossieditorial.com.ar
info@rossieditorial.com.ar

Este libro se terminó de imprimir en junio de 2004
por Jorge Rossi Casa Editorial.

*Agradecimientos*

*A Constante Moreno Preto y familia,*
*a la gente de Ushuaia y a todos los*
*que la visitan.*

*Jorge, Adriana, Polo y Franco.*

*Las fotografías de las páginas 16 y 17*
*fueron cedidas por Andrés Camacho y las*
*fotografías de las páginas 30, 31, 32 y 33*
*fueron cedidas por Domingo Pitrelli.*
*Agradecemos a ambos su colaboración.*

Fecha de catalogación: 15-06-04

Rossi, Jorge
  Ushuaia Patagonia Argentina / Jorge Rossi y
Eduardo Pocai. - 1ª ed.
  - Buenos Aires : Jorge Rossi Casa Editorial, 2004.
  96 p. ; 17x17 cm.

  ISBN 987-1060-15-7

  1. Turismo 2.Fotografías I. Capacho II. Título
CDD  770

# Ushuaia

## Patagonia Argentina

**Parque Nacional Tierra del Fuego**

POLO ROSSI

casa editorial

# Ushuaia y su historia

Hermosa vista desde el muelle hacia el edificio de la Gobernación y vivienda del Gobernador donde se observa las escasas construcciones y la ausencia del obelisco que fuera instalado en el 50° aniversario de la ciudad.

*Beautiful view from the dock to the Government Building and the Governor's house, where we can notice the very few houses and the absence of the obelisk that was built for the city's 50th. anniversary.*

fauna / *fauna*

La reunión familiar
sobre un tronco
de un grupo
de Kaikenes.

A family reunion
of Cauquen over
a log.

Las distintas especies de aves forman
parte del paisaje fueguino.

*Different species of birds are part of the
fuegian landscape.*

When I was only nine, at La Plata port, my father set his old Voigtlander VITO C ready and he put it in my hands.

He said "look at something you like, and push the button". It was a strange sensation, there were boats and many men at work, but the thing that impressed me the most was the reflection of those old black hulls over the turbid port waters.

A couple of weeks later I received an image that would change my life forever: I couldn't believe those wonderful reflections on the water, the ship hulls like fading, and I didn't seem to understand that I had taken that image.

People, not cameras, take photographs. Photography is the result of an intense process in which one has to know how to observe, value and react, but also how to put his feelings into it all, because without them our photographs will be empty, and they won't inspire anyone else.

I love all photography, but I am essentially a landscape photographer, and here in this wonderful Tierra del Fuego everything is easier and my feelings arise at every step.

To photograph the present so that in the future, when it is past, it will fill our spirit with sweet memories.

*Eduardo Pocai*

Estando en el Puerto de La Plata, con sólo 9 años de edad, mi padre me preparó su vieja Voigtlander VITO C, fotometreó, corrigió diafragma y velocidad y la puso en mis manos. Me dijo "mirá lo que te guste y apretá el botón". Fue una extraña sensación, había barcos y muchos hombres trabajando, pero lo que más me impactó fue el reflejo de esos viejos cascos negros sobre la turbiedad de las aguas del puerto.

Un par de semanas después llegó a mis manos una imagen que iría a marcar mi vida para siempre: no lo podía creer, el reflejo en el agua era maravilloso, el casco del barco parecía desdibujarse, y lo que no entendía era que esa foto la había tomado yo.

Las cámaras no sacan las fotografías, lo hacen las personas; la fotografía es el resultado de un intenso proceso en el que se ha de saber observar, valorar y reaccionar, pero para llevar adelante estos conceptos hay que saber también que hay que tener sentimientos; sin ellos nuestras imágenes resultarán vacías, y quien las observe no podrá vibrar con ellas.

Amo toda la fotografía, pero soy fundamentalmente paisajista, y aquí, en esta maravillosa Tierra del Fuego, todo se me hace más fácil y mis sentimientos afloran a cada paso. Con cada amanecer un paisaje distinto, con cada flor un aroma distinto, con cada lenga un romance distinto, en cada arroyito una música distinta y en cada otoño regresa Vivaldi a componer... y Dios le trae su paleta de colores.

No lo olvides, Tierra del Fuego es un show permanente y la podés disfrutar a cada momento. Eso sí, cámara en mano, y no olvides el trípode para fotografiar el interior del bosque. Los gnomos aparecerán en tus sueños y sólo te harán feliz.

Fotografiar el presente para que en el futuro, cuando sea pasado, nos llene el espíritu de dulces recuerdos.

Eduardo Pocai

puerto port
city ciudad
bosques forest
hospedajes
lodge fauna
hasta siempre

**puerto** / *port*

Atardecer de verano en
la Bahía de Ushuaia.

*Summer sunset at
Ushuaia Bay.*

Mediodía diáfano de verano, época en que los días son largos. Vista tomada desde los jardines del hotel Las Lengas.

*A clear summer noon, the season in which days are long. This view was taken from the gardens of Las Lengas hotel.*

Típico amanecer de verano que semeja fuego sobre la
bahía. Esta foto la tomé a las 04.30 am de un día de
diciembre, desde el balcón de mi casa.

*Typical summer sunrise, resembling fire over the bay.
This picture was taken at 04.30 am some december
day, from my balcony.*

Amanecer a finales del otoño, 09.15 am. El sol, en esta época, comienza a salir por detrás de los montes.

*Sunrise at the end of autumn, 09.15 am. The sun rises behind the mounts at this time of the year.*

Atardece con el Canal Beagle frente a nosotros, y vemos en la paz de estas horas los barquitos centolleros amarrados.

*The sun sets over the Beagle Channel, with the tiny fishing boats moored in the quiet evening.*

a Fragata Libertad descansa
n el muelle del puerto de
shuaia. Anochece, y los
arinos se preparan para la
artida del día siguiente.

*he Libertad frigate rests at
shuaia port. Night comes,
nd sailors get ready to sail
 the next morning.*

Hermosas embarcaciones de todo porte arriban en verano, con miles de turistas, al puerto de la ciudad más austral del Mundo. Algunas de ellas tienen como destino final el "Continente Blanco".

*Beautiful ships of all sizes arrive in summer with thousands of tourists to the world's southernmost city port. Some of them have the "White Continent" as their final destination.*

Luna llena sobre la bahía
de Ushuaia, verano.
Se ven los montes Olivia y
Cinco Hermanos.

*Full moon over Ushuaia
bay. Mount Olivia and
Cinco Hermanos can be
seen in the picture.*

Catamarán Canoero. Tecnología, agilidad y servicio se unen para brindar las mejores excursiones sobre el Canal Beagle. Nosotros además del servicio de bar incluido a bordo, le damos la posibilidad de realizar una caminata en una de las Islas Bridges, con avistaje de diferentes especies y visita a los concheros indios. Grupos reducidos nos permiten tener una atención personalizada.

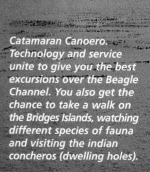

*Catamaran Canoero. Technology and service unite to give you the best excursions over the Beagle Channel. You also get the chance to take a walk on the Bridges Islands, watching different species of fauna and visiting the indian concheros (dwelling holes).*

Excelencia en servicio le brinda el nuevo catamarán Francesco I, todo lo que usted espera: servicio de bar incluído a bordo, atención personalizada y una ambientación cálida, hace del mismo un servicio de primera clase en excursiones sobre el Canal Beagle.

*Catamaran Francesco I, with everything you expect on board: bar personal attention and a warm ambience that make a first class service for excursions over the Beagle Channel.*

Mediodía de primavera. Puede observarse, en el muelle local, la figura de la Fragata Libertad.

*Spring noon, with the Libertad frigate on the pier.*

Los transatlánticos de turismo se pasean por el Canal Beagle.

*The transatlantic ships sail over Beagle Channel.*

## Ushuaia y su historia

Las comunicaciones fueron posibles gracias a la antena instalada en las calles De Loqui y Roca, donde funcionó la estación radioeléctrica hasta el año 1945.

*The communications were possible thanks to the radio station that operated on the corner of De Loqui and Roca until 1945.*

**ciudad /** *city*

Mirando hacia la bahía y la ciudad, se emplaza el Hotel Las Hayas, donde la excelencia, calidez y calidad se destacan.

*Hotel Las Hayas, looking out on the city and the bay, with outstanding quality service.*

Esculturas en hielo realizadas por la Asociación de Arte "Formas de fuego." Una galería de arte al aire libre.

*Ice sculptures done by the Association for the Arts "Formas del Fuego" (Forms of Fire). An art gallery in the open air.*

En las noches, los buques de turismo llenan de luces el puerto local y engalanan la bahía.

*At night the tourist cruises fill the local port with lights, and embellish the bay.*

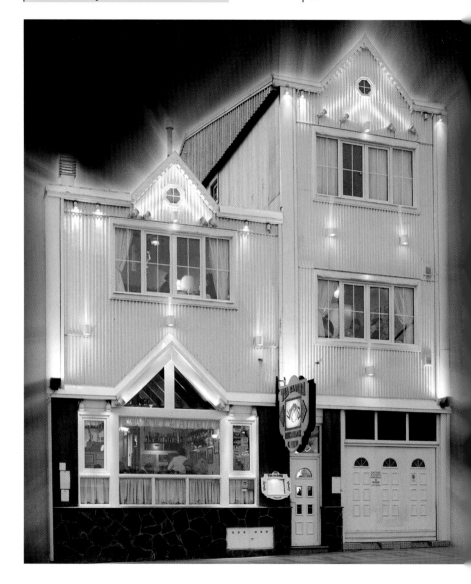

Con vista al Canal Beagle, Tía Elvira restaurante ofrece su especialidad: centolla y merluza negra.

*Tia Elvira Restaurant, looking out on the Beagle Channel. Crab, black hake are its specialties.*

Oscar Sigel, su dueño y cocinero.

*Oscar Sigel, owner and chef of Tia Elvira.*

*Ushuaia y su historia*

El penado Arzac, todo un escultor, realizó esta obra dedicada a los aborígenes que con posterioridad fuera destruída y utilizada como relleno en la construcción del muelle. En la actualidad se encuentra la Plaza 25 de Mayo.

*A prisoner named Arzac dedicated this remarkable sculpture to the aborigines. Later it was demolished and used as filling in the construction of the dock. Nowadays this is the location of 25 de Mayo Square.*

**bosques** / *forest*

El Río Pipo corre torrentoso por dentro del Parque Nacional Tierra del Fuego. En el comienzo del verano el caudal aumenta considerablemente.

*River Pipo runs torrentially within Tierra del Fuego National Park. At the beginning of summer its flow grows considerably.*

Vista de La Bahía Lapataia
en verano, tomada desde
la Isla Redonda.

*View of Lapataia bay in
summer, taken from Isla
Redonda.*

Ultima nieve de primavera: el follaje ya
volvió a las lengas, se aproxima el verano.

*The last snow of spring: the lengas
already have new leaves, summer is near.*

Una especie traída a la isla son los castores, quienes construyen gigantescos diques haciendo allí sus casas, con una ingeniería muy especial.

*An introduced species in the island, beavers build huge dikes where they make their dwellings with a very special engineering.*

El Río Lapataia con el
Cerro Cóndor de fondo.

*River Lapataia, with
Cerro Condor in the
background.*

El Tren Del Fin Del Mundo, un atractivo turístico muy especial y con mucha historia, para no perdérselo.

*The World's End Train, a very special tourist attraction, filled with history, not to be missed.*

Notro (Azara Lanceolata), arbusto autóctono de la zona patagónica. Proliferan en los claros del bosque, en sus bordes, en las riberas y en otros espacios abiertos.

*Notro (Azara Lanceolata), a native bush, typical of Patagonia, that grows in the edges and clearings of the woods, near the water or in open spaces.*

Intensidad de colores muestran los lupinos en los jardines fueguinos en verano.

*Lupins show their intense colours in the summer fuegian gardens.*

Las hermosas flores del paisaje patagónico complementan la intensidad de los colores de la naturaleza.

*Beautiful flowers add to the intense colors of the patagonian landscape.*

Vista del Paso Garibaldi desde el punto Panorámico en una mañana de otoño.

*A view of Paso Garibaldi from Panoramic Point in an autumn morning.*

Lagunita sin nombre, pegada a la
cabecera del Lago Fagnano.

*A little lagoon without name, near the
end of lake Fagnano.*

Comienza el otoño: los ocres; rojos y
amarillos engalanan el bosque. Vista de
la cadena montañosa Montes Martiales.

*Autumn begins: ochre, red and yellow
colours embellish the forests. View of
the Montes Martiales mountain range.*

Otoño

*Autumn*

En el verano las lengas juegan con el viento y su verde follaje parece acariciarlo.

*Lengas play with the wind in summer.*

Bosques en invierno.

*Forests in winter.*

Los distintos procesos
climáticos y los cambios
de temperatura generan
sobre el río Olivia
originales paisajes.

*Weather and temperature
changes produce surprising
landscapes on Olivia River.*

Esquiadores en carrera,
marcha Blanca
en el Valle de los Huskies.

*Skiers racing, white
March at the Valley of
Huskies.*

La práctica de deportes de nieve apasionan a grandes, niños y... huskies.

*Winter sports are a passion for kids, grown-ups... and huskies.*

Ellos se autodenominaban YÁMANA que significa "vivo u Hombre". Thomas Bridges los llamó YAHGAN, porque el Canal Murray, (en lengua aborigen Yahga-Shaga), se ubicaba en el centro de su territorio. Ocuparon ambas márgenes del Canal Beagle y canales adyacentes hasta el Cabo de Hornos.

*They named themselves: YÁMANA that means "alive or man", Bridges named YAGHAN, because of the Murray Chanel (Yahga-Shaga) placed in the middle of their territory. They occupied both sides of the Beagle Channel and adjacent channels as far as Cape Horn.*

hospedajes / lodge

A pocos kilómetros del Lago Escondido y del Lago Fagnano, a la vera de la ruta nacional N° 3, sobre la Laguna Verde, se alza el Parador Villa Marina.
La premisa fundamental era que los visitantes pudieran pasar un día de actividades junto a la laguna, para esto situamos el parador-restaurant en sus orillas, bordeado por una amplia terraza que remata en un muelle y una romántica glorieta en medio de las verdes y cristalinas aguas, desde donde pueden realizarse todo tipo de actividades náuticas.

*A few kilometres from Lago Escondido and Lago Fagnano, by the side of Route 3 and over Laguna Verde, stands Parador Villa Marina.*
*Designed so that visitors could spend a day of activities by the lagoon, it has a restaurant on the shore, surrounded by an ample deck that ends on a dock and a romantic gazebo from where it is possible to enjoy all kind of water activities.*

Una arquitectura rústica lograda con madera de lenga, típica de la zona, sumada a los grandes ventanales, luz cenital por medio de un majestuoso lucernario, acogedores hogares a leña, rústicas salamandras e imponentes paisajes son el marco ideal para las típicas comidas de campo que allí se sirven.

*A rustic architecture in typical lenga wood, together with huge windows, cenital light, charming fireplaces and the overwhelming landscape around make the perfect environment for the country cooking that is served here.*

Asados y corderos aquí tienen algo único por el lugar y su gente, la arquitectura y los mejores productos.

*Asados and lambs are special in this place, because of the people and landscape, the arquitecture and the best products.*

LOS YÁMANAS... La costa del Canal Beagle y el atractivo de su vista es el sitio elegido para realizar nuestro proyecto. Pensado para disfrutar de la calidez del lugar, e inspirado en la magia que producen los vestigios de su historia, haremos que cada detalle sea el confort para cada uno de nuestros visitantes, teniendo como premisa el respeto por la naturaleza en su máxima expresión.

*We have chosen the magnificent view of Beagle Chanel as the site for our Hotel, designed to enjoy the area's charm and the magic of its history. No detail will be overlooked to assure our guests' comfort, at the same time respecting Nature in al its beauty.*

Nuestras habitaciones han sido minuciosamente pensadas, para incluir en ellas improntas de la cultura Yámana. Para ello acolchados, cortinas y demás composiciones cuentan con íconos de su cultura como elemento principal rústicamente decoradas, todas nuestras habitaciones tienen vista al Canal Beagle.

*All our rooms are both rustic and cozily decorated, offering our guests unforgettable views of the Beagle ChannelThey have been meticulously thought to include details of native people. For this reason, we have used icons of the Yamana culture on the bedspreads and curtains as part of the decoration.*

Página siguiente: Restaurante Yahga shaga, nuestros huéspedes pueden gozar de increíbles vistas al Canal Beagle mientras desayunan, almuerzan o cenan en un ambiente cálido y típicamente local. Servimos exquisiteces regionales, como centolla y cordero, acompañadas de un menú variado de comida internacional.

*Next page: Yahga shaga restaurant, guests can enjoy breathtaking views of Beagle Channel while eating breakfast, lunch or dinner in a unique and cozy ambiance. We serve traditional dishes like king crab or lamb, part of Yahga Shaga´s a la carte international menu.*

Vista desde el
Hotel Los Yámanas

*Vista desde el
Hotel Los Yámanas*

Ushuaia y su historia

Vista de la ciudad de Ushuaia posterior a 1947
donde se puede observar la pasarela.

*View of the city of Ushuaia after 1947,
where we can see the footbridge.*